Catherine

# LA CUISINIÈRE

## REPUBLICAINE

PAR

## *La Citoyenne CATHERINE,*

Cordon-Tricolore. — Ci-devant Cordon-Bleu.

Dis-moi ce que tu manges, et je te dirai qui tu es.

BRILLAT SAVARIN,
(*Physiologie du Goût.*)

Prix : **25** centimes.

PARIS,

GARNOT,
7, RUE PAVÉE-SAINT-ANDRÉ,

BARBA,
4 BIS, RUE DE LA PAIX,

1848

IMPRIMERIE DE RAYNAL, A RAMBOUILLET.

# LA CUISINIÈRE RÉPUBLICAINE.



Cuisine et république!... Voilà deux mots qui, au premier aspect, ont l'air d'aller ensemble comme des cheveux sur de la soupe. Que cela ne vous effraie pas. Ce serait calomnier la république que de la supposer ennemie de la cuisine; elle ne l'est point, et je n'en voudrais pour preuve qu'un mets dont je suis jalouse, et qui, s'il faut en croire un feuilleton du journal *la Presse*, aurait été servi pour la première fois sur la table de l'un des membres de notre défunt gouvernement provisoire. Pour moi, qui m'y connais, c'était plus qu'une invention, c'était une de ces inspirations dont se serait glorifié notre grand Carême lui-même; c'était... — Quoi donc? — Que voulez-vous que je vous dise? rien que d'y penser l'eau m'en vient à la bouche. C'était... — Quoi donc enfin? — Ah! bah! ça laisse joliment loin derrière soi ces fameuses griblettes de foie de canard que Louis XVIII aimait tant, et dont le duc Descars, son premier maître d'hôtel, se donna une indigestion dont il mourut. C'était, puisqu'il faut vous le dire, c'était un plat de filet de chevreuil avec une sauce aux ananas!... Et dire que jamais personne n'avait pensé à ça!... Tout de même c'en est assez, mes enfants, pour prouver que la république et la cuisine peuvent très bien marcher d'accord ensemble. Si jamais elles venaient à se brouiller!... Suffit, je m'entends. Foi de bonne citoyenne, je crois à la durée de la république; mais, foi de bonne cuisinière, il y a une chose dont je suis pour le moins aussi sûre...—C'est que?...
— C'est que, de tous les gouvernements quelconques répandus sur la surface du globe, celui qui enterrera les autres, après les avoir fait vivre, c'est le gouvernement des fourneaux. Ren-

1848

versez des trônes, à la bonne heure ! mais ne renversez jamais la marmite !

Tenez, j'en causais encore, pas plus tard qu'hier, avec un vieux praticien, dont j'ai l'honneur d'être l'élève ; c'est lui qui en sait long ! Jésus Dieu ! en a-t-il vu de ces cuisines et de ces gouvernements ! Que de salmis ! Et dans tout ça, combien y en a-t-il, qui ne seraient pas tant seulement dignes d'être reçus marmitons, qui veulent mettre la main à la pâte. Ça tient, à ce qu'il paraît, à ce qu'il y a deux beaux arts que tout le monde a la prétention de savoir pratiquer sans en avoir rien appris : l'art de faire la cuisine et l'art de gouverner les hommes. Le plus souvent toute leur science se borne à faire danser l'anse du panier.

Mon maître, qui ne veut pas que je le nomme parce qu'il s'est enrôlé dans le régiment des trembleurs, — à soixante-douze ans, ça n'est pas étonnant, le pauvre cher homme ! — mon maître, au moment de notre première révolution, venait d'entrer dans la bouche d'un prince, qui bientôt après émigra. Il se voua dès lors au service du public et s'attacha successivement aux cuisines des citoyens Rose, Méot, Naudet et Véry, les plus fameux restaurateurs du temps.

« A cette époque, me disait-il encore hier, la vraie cuisine entra pour la première fois dans le domaine public ; ce fut un des bienfaits de la révolution. Avant ce temps-là, pour faire une chère passable, il fallait avoir un cuisinier à soi, ou bien une cuisinière comme toi, ma bonne Catherine ; autrement il n'y avait que des gargotiers, des cabaretiers et des aubergistes ; quelle pitié ! Cependant on citait quelques bons endroits renommés pour leur spécialité, comme qui dirait la Rapée pour ses matelottes, le *Puits-Certain* pour ses têtes de veau, et le *Veau-qui-Tête* pour ses pieds de mouton ; mais qu'était-ce cela en comparaison des excellents restaurateurs qui s'établirent dans Paris ? Que de souvenirs, Catherine, contribuent à me rajeunir quand je me reporte à ces temps qui virent naître simultanément l'usage des déjeuners à la fourchette et l'usage de ne dîner qu'à quatre heures.

» Après avoir un peu erré de cuisine en cuisine, je m'attachai définitivement au citoyen Méot, qui m'emmena avec lui d'abord à Naples et ensuite à Madrid, quand il y accompagna, en qualité de chef de ses cuisines, le roi Joseph. Dans ces grandes maisons-là, vois-tu, il ne manque pas de gueules affamées, on mange beaucoup, mais on ne sait pas manger. Mon illustre maître en était souvent courroucé; il recevait, il est vrai, trente-six mille francs d'appointements; j'en ai connu beaucoup à qui cela aurait suffi pour les consoler de leurs tribulations, mais M. Méot avait l'âme trop fière pour que cela lui fût une compensation suffisante, si bien qu'il se brouilla avec le roi Joseph dans une circonstance qui prouve que l'on n'en saurait trop dire sur l'ingratitude des rois. Le croirais-tu ? M. Méot lui ayant demandé, comme une bague au doigt, une simple place de conseiller d'État, Joseph eut l'indélicatesse de la lui refuser ! Voilà pourtant, Catherine, comment l'art de la cuisine était honoré sous l'empire ! Qu'on s'étonne, après cela, que l'empire n'ait pas duré ! Sans compter que c'était encore bien pis aux Tuileries qu'à l'Escurial. Enlevez de vos cartes le poulet à la Marengo , et je vous demande un peu ce qui vous restera de l'empire !

» C'est une drôle de chose que notre monde ! Il vous honore d'autant plus que vous lui avez fait de mal. Craignant la mort, il salue jusqu'à terre ceux qui font métier de le faire tuer; il aime à bien vivre, à boire, à manger ; il est gourmand comme Gargantua, et jamais on n'a fait élever la moindre statue à un cuisinier; Carême, le grand Carême, attend encore la sienne, tandis qu'il n'est pas une ville qui n'ouvre une souscription pour en faire ériger une à un général né dans ses murs, pour peu que, pendant sa vie, il ait fait tuer quelques milliers de ses semblables. Toutefois, mon enfant, ne nous désespérons pas, continuons à travailler modestement pour le bonheur du genre humain, et puisque nous voilà en république; il faut croire que justice nous sera enfin rendue. Cependant pas un seul cuisinier ne figure sur la liste des neuf cents membres de l'Assemblée nationale, où l'on compte plus de quatre-vingts avocats; or, je te le demande, sans vanité comme sans humeur, la France pourrait-elle se passer de cuisiniers et de cuisinières, tandis que, à la rigueur, elle pourrait peut-être se passer d'avocats ?

» J'ai connu un grave magistrat, un président de chambre à la cour de cassation, Henrion-Pensey, qui disait un jour à son illustre ami, Brillat-Savarin : Je ne me croirai dans un pays civilisé que quand il y aura des cuisiniers à l'Institut. Celui-là du moins savait nous apprécier !... Tu as vu la plupart des états se mettre en grève à Paris, les maçons, les charpentiers, les menuisiers et tant d'autres. Eh bien ! je te le demande, si un beau jour, il allait nous prendre à tous la fantaisie d'en faire autant, qu'est-ce que tout ça deviendrait ?

» — Ma foi ! répondis-je à mon maître, ça deviendrait ce que ça pourrait, et ça serait joliment leur faute. Pourquoi, dans leurs universités et surtout dans leurs pensionnats de demoiselles, n'enseignent-ils pas à leurs élèves un peu de cuisine élémentaire, au lieu d'en faire des musiciennes, des danseuses, des coquettes, enfin des propres-à-rien ? Quoique je n'aie encore que quarante-cinq ans, j'ai connu pas mal de cuisiniers amateurs et quelques bonnes ménagères, bien huppées d'ailleurs, qui ne dédaignaient pas de mettre la main à la pâte, et qui avaient acquis, en fait de cuisine, un très joli talent de société... Tenez, maître, ça me donne une idée.

» — Laquelle, Catherine ?

» — D'écrire, en peu de mots, quelques bonnes recettes, entremêlées de quelques souvenirs, tout ça à la bonne franquette, comme ça me viendra, à l'usage de la jeunesse républicaine des deux sexes. Ça sera mon offrande à la république, car si tout le monde ne peut pas manger des filets de chevreuil à la sauce aux ananas, encore faut-il aussi qu'on ne se nourrisse pas avec je ne sais quel brouet noir, dont parlait un savant professeur chez qui j'ai été en condition, et qui était bien gourmand comme trente-six. Grâce à moi, un chacun, pour peu qu'il veuille s'en dònner la peine, aura quelque chose de passable à se mettre sous la dent, sans être obligé pour cela de faire beaucoup de dépense ; une vrai cuisine républicaine, quoi !..... Il n'y a qu'une chose qui me taquine un peu ; c'est cette satanée orthographe !

» — Qu'à cela ne tienne, Catherine, comme je trouve ton projet excellent, je m'offre de bon cœur à corriger les fautes, si tu en fais. En attendant, comme je veux te mettre à même de river leur clou à ces filets de chevreuil aux ananas qui paraissent te tenir si fort au cœur, je veux te donner le menu d'un dîner de garçons, qui eut lieu, le 31 juillet 1833, au *Frères-Provençaux*. Tiens, le voici, car je l'avais fort heureusement dans mon portefeuille. Les convives étaient six, conformément au précepte de M. de Châteaubriand, qui veut qu'on soit à table au moins le nombre des Grâces, au plus le nombre des Muses. Si tu tiens à savoir leurs noms, je me les rappelle parfaitement bien ; c'était MM. de Courchamps, Roger de Beauvoir, Alfred de Montebello, Alphonse Royer, le prince Henri de Galitzin et Louis de Maynard de Quœille. Sur cela, ma bonne Catherine, je ne te dis pas adieu, mais au revoir. »

Conformément au désir de mon ancien maître, voici donc d'abord le menu de ce fameux dîner, que l'on peut bien appeler un dîner modèle :

UN POTAGE : Copieuse et forte bouille-à-baisse au turbot, au surmulet, aux rougets de roche, aux éperlans de Quillebœuf, aux huîtres d'Ostende et aux moules de Dieppe.

QUATRE HORS-D'ŒUVRE : Beurre de Vanvres au vert-pré de cerfeuil. — Cantaloup de Bagneux. — Filets de soles marinés aux câpres d'Antibes. — Figues d'Argenteuil.

UN RELEVÉ : Hochepot de queues de bœuf, au sept racines, à la bonne femme.

DEUX ENTRÉES : Concombres farcis au blanc de volaille et à la moëlle. — Cailles à la Pompadour, au laurier.

UN ROTI : Trois canetons de Rouen, farcis à l'anglaise.

UN RELEVÉ DE ROT : Pâté froid d'un filet de biche, de Cor-

UNE SALADE : Chicorée blanche et concombres verts émincés, avec *chapon* de Gascogne à la pointe d'ail, et queues d'écrevisses à la bigarade et au soya de Chine.

QUATRE ENTREMETS : Tomates gratinées à l'huile verte et aux anchois. — Beignets de mirabelles glacés au candi. — Flan à la crème de Viry et à la purée d'amandes fraîches. — Gelée de vinaigre framboisé dans un bol.

DESSERT : Macédoine aux quatre fruits rouges à la glace et au jus d'oranges. — Fromage du Mont-d'Or et d'Entremonts-les-Gruyères. — Biscuits de fécule d'iris. — Nougat marbré de la Ciottat aux pignons et aux pistaches.

VINS ET LIQUEURS : Vin de Lunel-paille, avec le poisson (usage hollandais); — de Mercurey (de la comète), au relevé comme avec les hors-d'œuvre; — d'Aï (de Moët) non mousseux et bien frappé, vers la fin des entrées; — de la Romanée-Conti avec le rôti; — de Château-Laffitte (1825), à l'entremets; — vieux porter de Londres, avec la salade ainsi qu'avec les fromages. — Vin de Pacaret et de la Commanderie de Chypre avec le dessert. — Glaces à la crème, au pain bis et au beurre frais, panachées. — Après le café : liqueur d'absinthe au candi et mirobolan de madame Amphoux.

Maintenant, mes enfants, voulez-vous que je vous dise ce que je pense d'un pareil dîner? Comme objet d'art, c'est magnifique; mais que le diable me fasse trop saler mon pot si je ne plains pas ceux qui mangent à une table servie comme celle-là. Est-ce leur dîner habituel? Ils ont nécessairement le goût usé en peu de temps; j'en ai connu qui s'en allaient en cachette manger une soupe aux choux et du lard et boire de la piquette pour se ragaillardir l'appétit. Est-ce un extra, un dîner de passage? Le souvenir les en poursuit toujours comme un point de comparaison fatal, qui les rend difficiles et les empêche de savourer ce qu'ils boivent et ce qu'ils mangent à leur ordinaire. Croyez-en mon expérience, à moi qui ai servi chez plusieurs maîtres, les uns riches, les autres dans une médiocre aisance; tous vivaient à peu près également bien, malgré la différence de leur fortune;

c'est que l'art de bien vivre consiste à vivre toujours à peu près de même ; on s'en porte mieux, on en est plus gai, plus content. Je vous accorde cependant que, comme on fait un peu plus de toilette le dimanche, il faut aussi ce jour-là endimancher son dîner. Acceptez en outre, comme une règle générale, que la bonté des mets résulte beaucoup plus du soin que l'on apporte à les préparer que du prix qu'ils ont coûté au marché. Le plus simple rôti de veau, cuit à point, l'emportera toujours sur le plus beau faisan qu'on aura laissé brûler ; vous ne devez donc pas plus quitter vos fourneaux, qu'un soldat en faction ne doit quitter son poste.

Je vous donnerai actuellement quelques préceptes que vous pouvez admettre, en matière de cuisine, comme autant d'articles de foi : le poisson ne doit jamais être cuit dans du fer, ou de la fonte, ou du ferblanc, ni coupé avec un instrument d'acier. — Une viande marinée doit être placée dans de la faïence ou du grès, jamais dans de la terrerie vernissée. — Tout aliment vinaigré ou mariné dans du vinaigre doit être accommodé dans de la faïence, cuivre rouge ou de l'argent, et non pas dans un vase étamé ou en ferblanc. — Les oiseaux, pour être conservés, doivent avoir les yeux, la peau du bec et la gorge arrachés. On doit avoir grand soin de reboucher avec du papier gris toutes les ouvertures naturelles ou celles qui auraient été faites pour vider l'animal. Les mêmes précautions doivent être prises pour toute autre espèce de gibier. — Les poissons de prix que l'on veut conserver doivent être placés dans une poissonnière, sur un lit de persil et arrosés de vin fort ; on ajoute un quart de vinaigre si le vin n'est pas capiteux. Ce procédé est préférable à la salaison, qui n'a lieu que très inégalement. — Voici qui vous paraîtra singulier, mais cela est de toute vérité : vous devez toujours préférer un perdreau gris à un perdreau rouge et une perdrix rouge à une perdrix grise. C'est que, voyez-vous, le talent de bien acheter est pour beaucoup dans l'art de la cuisine. Il y en a qui se font administrer des *rossignols* plus souvent qu'à leur tour, et que malgré cela nos bouchers ne se font pas scrupule d'appeler *raleuses* si elles font la moue à un trop gros morceau de *réjouissance*.

Le bœuf est l'âme de la cuisine. On le voit figurer également dans les splendides banquets du riche et sur l'humble table du pauvre ; mais comme les diverses parties d'un bœuf sont douées de qualités très différentes, je crois que vous me saurez gré de vous initier aux études que j'ai faites à ce sujet ; par ce moyen, vous risquerez moins d'acheter, comme on dit, chat en poche ; cependant ne vous y fiez pas trop, les bouchers sont bien fins.

La viande d'un bœuf se divise en haute et basse viande. La haute viande est celle qui se sert sur la table des gens aisés ; on ne peut cependant pas dire que la basse viande soit mauvaise quand elle provient d'un bon bœuf ; elle alimente ordinairement la cuisine des gargotiers, des petits traiteurs et des aubergistes à bon marché. La *réjouissance* a causé bien des disputes à la boucherie ; pour moi je m'en accommode assez, pourvu qu'on ne m'en donne pas trop ; car elle se compose en grande partie d'os, sans lesquels on ne parvient pas à faire de ces consommés généreux qui reconfortent si bien l'estomac.

Un bœuf se débite d'abord en huit parties distinctes, qui sont : 1° la tête ; 2° le collier ; 3° les côtes ; 4° l'épaule ou paleron ; 5° la poitrine et le flanchet ; 6° l'aloyau ; 7° la cuisse, et 8° la culotte. La tête et le collier appartiennent à la plus basse viande. Les côtes sont au nombre de treize ; les quatre plus rapprochées du collier, coupées d'un seul morceau, s'appellent surlonge, et comptent aussi dans la basse viande ; les neuf dernières sont bonnes à différents usages. Le paleron est excellent pour la marmite, aussi bien que le milieu du flanchet, car les deux bouts de ce morceau passent dans la basse viande. C'est dans le paleron que se trouve le talon du collier, très renommé pour le bœuf à la mode. La cuisse, dont la culotte n'est qu'une partie, se subdivise en cinq morceaux distincts ; la culotte proprement dite, dont on préfère la partie la moins large, appelée pointe de culotte ; la noix, ou tendre de tranche ; la sous-noix ou gîte à la noix ; la pièce ronde ; et enfin la jambe, ou gîte. Ce dernier morceau est de la basse viande ; je vous le recommande cependant pour les consommés.

Il me reste maintenant à vous parler de l'aloyau. Je l'ai tenu en réserve pour la bonne bouche ; c'est en effet le morceau du bœuf le plus recherché, parce qu'il contient le filet, et qu'un filet de bœuf est le *nec plus ultrà*, comme disait mon maître, de la viande succulente. Quand le filet est levé, cette pièce, roulée, est parfaite pour la marmite, mais il faut avoir soin de ne pas la laisser trop cuire. Lardée et braisée elle est aussi très bonne en émincés sur le gril ; prise dans un bœuf de bonne qualité, elle rivalise avec le filet. Un aloyau entier et qui a conservé son filet, forme le plus splendide rôti que l'on puisse offrir à des appétits vigoureux ; c'est le véritable rôti républicain, puisque je l'aurais appelé royal l'an passé. Il a besoin d'être servi peu cuit et même un peu saignant, sans quoi il perdrait de son jus et contracterait une dureté capable de compromettre sa réputation.

Autant vous devez rechercher le bœuf comme la nourriture la plus saine et la plus substantielle, autant il faut vous méfier de la vache, par la raison qu'il ne vous est pas possible de savoir à quel âge elle a été tuée. Jeune, il n'y aurait contre elle aucune objection, mais ordinairement les vaches que l'on envoie à l'abattoir sont de vieilles vaches que l'on engraisse quand elles cessent de donner du lait en quantité suffisante. Dans toutes les espèces libres, au contraire, la chair de la femelle est toujours préférable à celle du mâle, parce que celui-ci n'a pas à subir l'opération qui d'un coq fait un chapon, et d'un jeune taureau un bœuf.

Je ne suis pas, grâce à Dieu, de ces cuisinières aristocrates auxquelles l'habitude d'une cuisine transcendante fait dédaigner le pot-au-feu, cette providence des familles pauvres et des malades ; aussi ne puis-je pas pardonner à Brillat-Savarin de l'avoir calomnié, quand il a dit que du bœuf bouilli n'était plus qu'un morceau de viande, moins son jus. Cet illustre amateur, qui a plus d'une fois mangé de ma cuisine, et dont je puis me vanter d'avoir mérité les suffrages, céda trop légèrement au désir de formuler une sentence. On ne doit point badiner avec le pot-au-feu, et ce n'est point une petite affaire que de le conduire au plus haut degré de perfection dont il est susceptible. Et d'ailleurs, malheureux cuisiniers, grands et petits, que deviendriez-vous, si vous n'aviez pas constamment à votre disposition un bouillon onctueux, pour mouiller vos préparations les plus savantes ! Et encore qu'est-ce que c'est que votre bouillon, comparé à celui de ces excellentes ménagères , de ces bonnes femmes qui s'identifient avec leur pot-au-feu , le soignent comme un enfant bien-aimé et épient jusqu'à ses moindres intentions.

Il faut sept heures pour faire un excellent pot-au-feu. Faites-le toujours dans une marmite de terre et devant un feu de cheminée. Qu'il soit deux heures exposé à un feu doux avant de bouillir ; enlevez-en soigneusement l'écume à mesure qu'elle monte à la surface ; cette opération faite, poussez à l'ébullition et mettez-y vos légumes avec un oignon brûlé ; jamais de caramel ; que l'entrée de votre marmite soit interdite à toute autre espèce de viande que le bœuf, si ce n'est à des abattis de volaille ; entretenez-la ensuite pendant quatre heures, de manière à ce que, sans ébullition caractérisée, il s'y manifeste un léger sourcillement ; laissez ensuite le bouillon se calmer tout à fait, pour que vous puissiez en enlever la graisse, et terminez votre opération par un coup de feu de quelques minutes. Voilà tout le secret de ces admirables bouillons inconnus aux grands, aux riches et à la cuisine des plus illustres restaurateurs. Depuis vingt ans seulement le bouillon français s'est introduit dans la cuisine anglaise, où il était ignoré, comme le sont encore les omelettes. On m'a dit que les Anglais s'en trouvaient très bien. Que Dieu vous prête vie, et vous verrez cet incomparable bouillon étendre sa bienfaisante influence dans toute l'Europe, ni plus ni moins que la révolution française.

Mais, Catherine, me direz-vous peut-être, on ne peut vivre seulement de bouillon et de bœuf. — Cela est vrai. Chaque espèce d'animaux a sa nourriture qui lui est propre, tandis que l'homme seul mange de tout, ce qui suffirait pour prouver la supériorité de l'homme sur tous les autres animaux : il nous faut de la variété ; M. Darcet, qui était un savant de l'Institut, en a fait sur lui-même l'expérience. Ayant essayé de se nourrir pendant un mois, d'une seule substance, prise à poids égal de sa consommation ordinaire, il en éprouva une déperdition sensible, quoiqu'il eût choisi une substance très nutritive.

Variez donc vos mets autant que vous le pourrez ; mais malheureusement c'est une chose pour laquelle la volonté ne suffit pas. Dans cette saison, le veau de deux mois est à son point de perfection, et je ne saurais trop vous le recommander. Au mois de septembre il commence à perdre de sa qualité, qu'il ne reprend qu'au mois de mai. Plus la chair en est blanche, meilleur il est ; c'est le contraire du mouton, qui se recommande par une chair noire. Voulez-vous, conformément aux lois de la cuisine républicaine, manger quelque chose de très bon et de très simple ? Prenez un carré de veau ; lardez-le avec du lard manié dans des fines herbes hachées ; mettez-le dans une terrine foncée de quelques petites bardes de lard ; couvrez de tranches d'oignons, de carottes, un peu d'eau-de-vie ; couvrez la terrine ; faites cuire à petit feu ; servez avec la sauce. Ce mets est également bon chaud et froid. — Voici encore un mets de saison facile à préparer : coupez une poitrine de veau en petits morceaux ; passez sur le feu avec beurre et pincée de farine, sel et poivre ; ajoutez un verre de bouillon et un bouquet de persil ; laissez cuire une heure et demie et mettez des pois moyens. Quand ils sont cuits dégraissez et servez. — Préférez-vous au veau une épaule de mouton en musette (ne dédaignez pas l'épaule de mouton ; elle est souvent plus tendre que le gigot) ? Désossez-là en laissant le bout du manche ; piquez de gros lardons ; assaisonnez de sel, de poivre et d'une légère pincée de quatre-épices ; ficelez-la sans la rouler. Il faut qu'elle cuise cinq heures, à petit feu, dans un bain de bouillon. Quand elle est cuite, on la dégraisse et on la glace après avoir lié la sauce. Vous pouvez la servir seule ou

garnie de légumes, tels que petits pois, carrottes nouvelles et salsifis. Les légumes au gras sont en général meilleurs qu'au maigre, et je vous ferai observer à ce sujet que, s'il reste encore un
grand progrès à faire à la cuisine, il consisterait dans l'alliance
plus fréquente du gras et du maigre.

Un jour, j'étais alors chez un vieux général de l'empire qui
se connaissait en bons morceaux, je me suis fait honneur d'une
carpe au gras, qu'il m'avait dit d'accommoder à ma guise, mais
au maigre; voici comment je la préparai. Ma carpe, jaune d'or,
pesait cinq livres. Après en avoir minutieusement enlevé toutes
les arrêtes sans affecter la peau, je lui rendis sa forme première
sans qu'il y parût. Je la farcis avec une pâte pilée au mortier et
composée de sa laitance et de foie de gibier volatile, le tout arrosé d'un jus onctueux. Ainsi préparée, je fis cuire ma carpe
non pas dans un court-bouillon, mais dans un bon bouillon
gras réduit à l'état de consommé, auquel cependant j'avais ajouté
un demi-verre de vin blanc. Je la servis avec cette sauce, à laquelle je joignis quelques rondelles de truffes. Le général avait à
dîner de fins connaisseurs; je ne saurais vous dire quelle fête ils
firent à ma carpe, qu'ils croyaient accommodée au maigre, tant
les éléments qui entraient dans la composition de ma farce
étaient bien déguisés. Voudrez-vous m'en croire? Ne demandez
jamais à un cuisinier son secret. Il en coûta cher à un cardinal
pour n'avoir pas eu cette discrétion. Il voulut savoir comment
son cuisinier avait préparé, pendant tout un carême, des haricots dont il ne s'était pas lassé, tant ils lui avaient paru délicieux.
Le cuisinier eut la faiblesse de lui avouer que ses haricots étaient
des rognons de coqs. — « Imbécile, s'écria le cardinal, pourquoi
m'avoir dit cela? Tu vois bien que tu m'as mis dans la nécessité
de te renvoyer, et Dieu sait quels haricots on me fera manger au
carême prochain. »